N. O. Núñez

I0158868

fuego fatuo

Hijos bastardos de Kierkegaard editores

fuego fatuo

ISBN-13: 978-0615938493
ISBN-10: 0615938493
© N.O. Núñez, 2014
© Hijos bastardos de Kierkegaard editores, 2014
Portada: César D. Santiago

hijosbastardosdekierkegaard.ed@gmail.com

Al niño que fui

¿Ves algo a lo lejos? Yo no veo lo que se dice nada.
-Louis Ferdinand Céline, *Viaje al fin de la noche*

I.
ARS

Como una cámara de video,
veo,
registro,
edito;
pero estoy detrás
de la vida.

Grandes metas del escritor práctico

Publicaré el libro más útil,
uno que sirva como pisapapeles
y para equilibrar
cualquier mesa coja.

poesía

La poesía es una pistolita de agua
de esas que compras
en Walmart o Mega-Pitusa,
que solo puede mojar.
Pero todos sabemos
que lo que se moja
se seca.

Deseos malditos por un buen arte

Que haya más guerras, más violaciones,
toneladas de violencia y derramamiento de sangre;
más injusticias,
más dolor, más locos y más suicidas,
más asesinos y más dictadores,
más corrupción,
más genocidios, plagas y enfermedades,
más catástrofes,
más crisis nerviosas y familiares,
más divorcios, sí,
y más desgracias y más accidentes,
y drogadictos y alcohólicos,
para poder leer y escribir
buenas novelas, cuentos y poemas,
para poder
ver cine y series televisivas,
artísticas,
que valgan la pena.

**Confesión de un poeta mediocre
con una escasa o nula vida social**

Como no tengo vida,
veo televisión.

II.
TELEVIDENTE

Mirar el mundo
como un televidente crítico
mira una mala película
recostado en un sofá.

1. Sitcoms,
seatcums,
s(h)itcoms

Alf

Alf,
so cabrón,
me engañaste.
Claro que hay problema.
Todo es un problema.

Diff'rent Strokes

Qué different ni qué different;
Arnold se quedó chiquito
en todos los aspectos.

Punky Brewster

Punky,
inocencia en multicolores,
la vida no es un arcoíris;
la vida
es un continuo gris.

Magnum P.I.

Pobre Magnum,
de macho pasaste a maricón.
Los mostachos y los hotpants,
en los hombres,
pasaron de moda
y ahora son cosa gay.

Baywatch

Quiero ir a las playas
de California.
Allí todas las salvavidas
son pornstars.

Campeones

Le dio con un gancho de derecha
y otro de izquierda
y lo remató con un imponente uppercut
que tiró a su contrincante a la lona,
de la que no se levantó más.

El segundo,
puso a la voluptuosa rubia a mamar
y luego le taladró el culo y la chocha
para después
tirarle todo su orgasmo en la cara
mientras gritaba
"¡¡Dios, Dios...!!"

El tercero,
se sentía una deidad
con los aplausos que recibía del público
luego de echarlas todas de tres
y darle la victoria a su equipo
cuando se la donqueó en la cara
al centro estrella que medía 7 pies.

Los tres,
pasada la euforia,
volvieron a su depresión habitual
y apagaron el televisor.

The Sex Machine

Después de venirse con la rubia,
apagó el televisor.

2. En DVD
(otro caso más de cinesífilis)

a Rubén Ríos Ávila
a Andrés Caicedo

Memento

de autoengaño.
con su dosis fuerte
el momento en que nos jodimos,
en la cual buscamos
y sin memoria,
que hacemos en reversa
es una complicada investigación
La vida

Star Wars

-Luke, I'm your father.
-Father...
-Yes, son.
-I want to kill you.

The Weatherman

Nunca podrás saber el tiempo;
solo puedes predecirlo
y equivocar tu predicción.

Amores perros

Se ha dicho
que algo tan común
como un accidente automovilístico
puede causar un tifón
en todo el Distrito Federal.

Rocky

Rocky, nos mentiste.
Nos hiciste creer
que había dignidad

en perder.

Taxi Driver

Ingenuo Holden Caulfield,
creciste
y te volviste histérico.
Puritano psicópata,
ya no quisiste velar por los niños
y te fuiste a salvar prostitutas
luego que no pudiste
ser otro Oswald.
No, mataste a un chulo
y en vez de ser un terrorista
psicópata punk,
te convertiste en héroe nacional,
en toda una celebridad,
en todo un rockstar.
Pero mira lo que te digo:
el mundo no cambió
ni cambiará.
Apenas ayer una jovencita muy linda
se ofreció a mamármelo
por 50 dólares,
mientras la velaba su chulo,
que no se parecía en nada
a Harvey Keitel.

Hable con ella

Se jodió
porque el título era *Hable con ella*,
no *Folle con ella*.

Titanic

La mejor parte
es cuando Jack está esposado
y el agua está subiendo
y Rose coge el hacha
y se arriesga a morir
para salvar a Jack
¡y logra salvarlo!

Pero Jack muere
casi al final
de la película.

Mar adentro

Acostado,
escuché a la Dama de Negro
gemir
más adentro más adentro...

Pulp Fiction

Quentin, la pegaste,
solo se puede volver
de la muerte
no contando las cosas
de manera lineal.

One Flew Over the Cuckoo's Nest

¡Bah!
con la lobotomía
dejó de pensar
y de joder la pita.
Indio,
no te preocupes,
ahora es feliz.

Abre los ojos/ Vanilla Sky

No abras los ojos.

III.
JÓVENES Y ARTISTAS

Son cool, son chic, son kitsch
son intertextuales
y son camp
son vintage
son condenadamente pop
son realismo sucio
y literatura erótica
son un tanto new age
y otro tanto autoayuda
Dios, son dioses
prestos a ser adorados
e imitados
por jóvenes y no tan jóvenes
wannabes

Interrogante

¿Ser las escopetas
que volaron las cabezas
de Hemingway y Kurt Cobain

o ser,
inexorablemente,
las cabezas que volaron?

La muerte de un genio

El caracol se arrastró dejando su pegajosa huella pero cuando se disponía a alcanzar su destino llovieron zapatos.

Dioses

Jagger
nunca será Jim Morrison,
Hendrix
ni Kurt Cobain.
Ellos nunca tuvieron
arrugas.

Perdón, Pamela Anderson

Recuerdo los días de semana, a las 4 de la tarde,
en que te veía en ese rojo y sexy traje de baño.
Corrías casi en cámara lenta y tus enormes melones
se movían muy poco, a brinquitos cortos.
Yo los quería coger, apretar, meterlos en mi boca...
Eras mi fantasía masturbatoria, lo confieso.
De eso hace ya más de diez años.
Llegaron otras:
el culo de J-Lo, la boca de Angelina, el lolitismo de Britney,
las caderas de Shakira y las piernas de Beyoncé.
Con todas ellas te fui infiel.
Pero hoy vengo a ti, mi primer amor,
mi reina del silicón y del bronceado,
ya canoso y nostálgico,
                          a gemirte
                                perdón...

Todo tiene su final

Los
   movimientos
         de serpiente
     de Mick
         Jagger
    antaño
eran algo
cool.
Ahora
   son
      ridiculeces
  de viejo
arremo
   zado.

Descomposición

El culo de Jennifer López

               ca

                 e

                   rá.

Profecía II

Sí, miraré a J-Lo
por televisión
y les diré:
"Esa vieja antes
era hermosa".

IV.
McWORLD

Dios es Adam Smith
y Satanás es el vencido barbudo
que responde por el nombre de Karl Marx.
Ronald McDonald
           es Jesucristo en la tierra
y cada McDonald's
           es la casa de Dios
donde cada día
millones de personas
comen el cuerpo-Big Mac de Cristo
y toman su Coca-Cola sangre
por menos de 10 dólares,
con posibilidad
           de una eucaristía agrandada.

Ofrenda que va a las arcas
            de la Iglesia
que tiene a Obama como papa...

Alabado sea nuestro Padre Smith,
alabanzas para su hijo Ronald McDonald,
bendito sea su santidad Barack Obama
y benditos sean todos los obispos-primer ministros

u obispos-presidentes
del mundo adamsmithiano occidental,
y que Adam Smith reprenda
a cada Fidel, Hugo Chávez y Evo Morales
(Diablo, Bestia y Gran Ramera)
y que nos libre de su herejía socialista.
En el nombre de Ronald McDonald,
amén.

Paradojas

El capital de Marx,
ese libro comunista
y para el proletariado
(entre comillas, claro)
cuesta más
de 40 dólares;
mientras
La riqueza de las naciones,
ese libro tan paradigmático
del capitalismo,
cuesta
más o menos
la mitad.

Mantra

..."ok, siéntese.
Cruce las piernas, estire los brazos hacia abajo
y diga repetidamente: UM...
Esto lo pondrá relax y le dará sabiduría."

Yo me levanté y le dije al oriental:

"Si el mundo tiene los pies cruzados,
los brazos estirados
y siempre repite la misma bazofia,
¿por qué está tan tenso y es tan necio?"

Él se sonrió y me dijo:
"Nos ha descubierto."
Seguidamente me mostró una camisa de fuerza.

Los culpables

El culpable entra,
(El público aplaude.)
se recuesta en su cama funeraria.
(El público se excita.)
Lo amarran
(El público lubrica.)
y lo inyectan con muerte.
(El público llega al orgasmo)
Muere.
(y el público se viene.)

Ahí queda el cadáver;
los culpables salen.

Sacrificio posmoderno

Comen langostas
en Semana Santa.

Muerte a los pidiones

Que tengas hambre, que tengas sed,
un bajón de nicotina
o que necesites tu cura,
me importa un carajo, escoria humana.
Yo no soy el Salvation Army
ni un cristo bajado de los cielos.
La caridad, pedazo de mierda,
simplemente me la guardo para mí.
Yo también necesito comer, saciar mi sed
y fumarme mi cigarrillo;
sin contar, claro, todo lo demás que necesito pagar
para poder vivir.
Así que bon de mierda,
parásito social y de mis tristes bolsillos,
guárdate tu discursito de víctima,
tus lloriqueos pendejos,
y déjame en paz.

Mi poco dinero es para mí.

Apostasía

En el día de partida
hasta los ateos
creen en Dios.

V.
JUEGO DE PODER

Amor es Roma al revés.

Amor

Me gusta besarme en tus labios
y masturbarme con tu cuerpo.

Genocidio

Traga de mi sexo y aniquila la vida.

Vicio

Tienes una droga entre las piernas.
¿Nos mutilaremos para salir del vicio?

Visión del voyeurista

Los jóvenes se besaban apasionadamente;
se desnudaban y copulaban.
-Oh bebé, te amo- decía la joven.
-Ah mami, yo también te amo-respondía el joven.

Yo, un voyeurista-profeta, tuve una visión:
los dos tenían serpientes enroscadas en sus cabezas
y un camaleón residía en sus bocas:

    AMOR.

Id y Superego

a mi Sabiduría en ruso

Ya que los dos somos polos opuestos.
Tú, una acción sin conciencia;
Yo, una conciencia sin acción.
Sé tú mi Id,
que yo seré tu Superego.

Y serán una sola carne

Ya no tenemos sexo;
ahora nos masturbamos.

Arrepentimiento

Amor mío,
en estos días
en que saliste de viaje
para ver a tu padre enfermo,
yo limpio,
yo cocino,
yo friego,
yo lavo la ropa,
yo cuido a los niños
y todo esto
después de salir de trabajar...
No sé cómo lo haces,
no sé cómo soportas,
no sé *cómo* me soportas...
si yo casi no hago nada.
Perdona
mi falta de consideración.
Ahora, cuando vuelvas,
prometo ayudarte
y valorar todo tu esfuerzo,
toda tu valía...
Pero eso sí,
si lo hago
ya no te puede dar
tanto dolor de cabeza.

Pelea intertextual con mi mujer

Me fastidia cuando hablas porque estás como presente,
y que vengas con tus malditos celos.
Pues sí, te lo digo:
me gusta entrar por todo y responder a todo.
Sí, sucede que me canso de ser tu hombre
y de alargarme en tu espíritu.
Contigo no paro de sufrir por la vida y por la sombra y por...
Bah, por eso escribo poesía
porque la poesía es un arma cagada de futuro.
Es que contigo es tan fácil ser poeta
y tan difícil ser
hombre.

---

*Para evitar acusaciones de plagio (como si me fueran a leer), debido a que transcribí uno que otro verso íntegramente, aquí les dejo los nombres de los autores cuyos versos utilicé para armar el poema: Pablo Neruda, Rimbaud, Julia de Burgos, Rubén Darío, Federico Irizarry Natal y Charles Bukowski. De asignación, ya que me gana la pereza, busquen ustedes los poemas a los cuales pertenecen los versos.

Un amor terminado

Dancemos alrededor de la hoguera,
desnudos.
Juguemos a las escondidas con el predecible futuro.
Escondámonos en los lindes de la imaginación,
en ese mundo donde no existe el tiempo ni el dolor.

-Ella dijo no-
-Ella dijo no-
Los psicólogos también dijeron No.

Relaciones

Un hombre le dijo a una mujer:
"Tú eres el aire que respiro,
la sangre que corre por mis venas;
tú eres la luz que me ilumina,
la oscuridad que me ciega.
Oh, amor, tú eres el dios que me da la vida,
y si me rechazas, me herirás con mortal herida.
¡Te amo!"

La mujer le contestó al hombre amablemente:
"Tú no me amas, solo quieres compartir un orgasmo conmigo."
Y se marchó.

Muerte mística

Morir,
con los ojos cerrados,
luego de ver tu cara
fingiendo placer.

VI.
I AM SO LONELY
(o el trago del perdedor)

Tomo mi trago solo:
el alfa macho
se llevó a la perra.

¿Qué carajo es soledad?

Es comer solo en Burger King
cuando está lleno.
Es fumarse un cigarrillo,
solo,
en un parque lleno de parejitas
acariciándose
y dándose besitos.
Es ver televisión
un viernes por la noche
o ir al cine solo
un viernes o un sábado por la tarde.
Es alquilar o comprar una película porno
y que te cobre una rubia hermosa
que te sonríe
o te mira raro.
Es masturbarse
viendo la película porno que alquilaste
o compraste,
o viendo una *Playboy* o una *Penthouse*
vieja
y toda desgastada
por el tanto uso que le das.
Es conducir tu carro,
solo, hacia ninguna parte
escuchando
música romántica.
Es caminar solo por la ciudad
inspeccionando a la gente,
tildándola de fea y ridícula
y ligando mujeres.
Es ir a una librería

y quedarte horas
o ir a una biblioteca
y quedarte siglos.
Es leer
acostado en tu cama
o sentado
en un banco de un parque,
de una plaza
o de un mall.
También es mear
y cagar
en tu casa
o en un baño público
(sobre todo público)
y que nadie te espere afuera.
Es soñar despierto
y acostarse con las gallinas.
Es estar despierto
a las 2 de la mañana,
mientras todos duermen
o hacen "el amor".
Pero sobre todo
es escribir esta mierda
que estás leyendo
y postearlo en un foro
de Internet
donde todos utilizan
pseudónimos raros
y verte a ti mismo
utilizar
uno también.

Aburre tanto estar aburrido

Aburre tanto estar aburrido
y se cansa uno de estar tan cansado.
Mi fe es el escepticismo
y mi esperanza la desesperanza.
Mirar a la derecha
es lo mismo que mirar a la izquierda,
y el norte y el sur son una misma mierda.
Escribir o no escribir, hablar o callar,
al final da lo mismo
porque siempre impera el silencio.
Si no me entiendo yo mismo,
no puedo esperar
que los demás me entiendan.
Uno siempre es el otro de los demás
y uno mismo es otro para sí mismo:
solo basta
mirarse en un espejo
o sufrir un episodio
                          de despersonalización.
El caos tiene un orden interno;
el orden un caos externo.
El amor es una libertad esclava,
aunque realmente es al revés.
Pero da lo mismo el orden,
porque uno nunca realmente sabe
ni entiende nada.

Mediocridad

Qué malo es sentirse solo un mediocre;
decepcionar a todo el mundo,
sobre todo a los que más admiras
y pensaban maravillas de ti.
No, tú te encargas de demostrarles
con tus actuaciones
y actitudes
que simplemente eres otro cualquiera más,
que busca lo fácil,
que hace todo para salir del paso,
haciéndolo mal
o como el promedio.
Eso,
les demuestras que solo eres un tipo promedio,
ni muy bruto ni muy inteligente,
ni muy talentoso
ni muy creativo.
Un tipo que trabaja,
haciendo lo mínimo necesario,
que chicha
con una mujer que ya no ama,
que conduce un carro Toyota
y que ve mucha televisión.
Un tipo que solo lee del periódico
los deportes y la farándula,
que ve cine de Hollywood
y telenovelas baratas
de México, Colombia
y Venezuela.
Un tipo que sabe más de videojuegos
que de literatura,

y que de ella
(la literatura)
prefiere a Charles Bukowski y a Dan Brown
que a García Márquez y Vargas Llosa.
Sí, un tipo cualquiera
que si conoce algo culto
lo estudia por pose,
por parecer un tipo cool
e intelectual
pero no por conciencia.
Sí, solo un mediocre,
un tipo que escribe poemas
que en realidad son pensamientos en prosa
que corta en verso
(que suenan más o menos bien,
aceptables)
y que tratan de su descontento por la vida,
de su mediocre vida
que lo llevará a una muerte mediocre,
sin reconocimiento valedero
(solo el cursi y algo hipócrita de los familiares
de que "lo quería tanto",
de que "era tan bueno",
que lo "voy a extrañar"
y que se olvida
con el beso en la frente
antes de cerrar el ataúd).
Una muerte intrascendente
para una vida
                intrascendente,
que solo sobrevivirá
en unos cuantos recuerdos
de gente intrascendente

que también morirá
y en unas cuantas fotografías
que carcomerá el tiempo
y, tal vez,
en un apellido
que se puede diluir
si solo tuvo hijas
y no varones,
si es que no sale estéril,
o engendra un solo varón
estéril
o anormal
o misántropo
o que le salga,
                    más que gay,
loca.

Yo no quiero ser grande

Me ocurre como la canción de Toys "Я" Us:
"Yo no quiero ser grande, yo no quiero…"
Pero ya soy grande
y no lo desmiente el espejo
ni mi certificado de nacimiento.

Araña doméstica

Araña doméstica,
ojalá fueras una tarántula ponzoñosa
y me sacaras de mi suplicio
con un fuerte y fatal veneno.
Sería una delicia.
Pero no, solo eres una araña doméstica,
inofensiva e insulsa
como todo lo doméstico.
Por eso, prosaica araña, recibe el saludo
de mi depresiva y, a la vez, furiosa mano.

La danza de la lluvia

Plam,
plam,
plam,
el indio llamando a la lluvia,
haciendo movimientos circulares
y tocando el tambor.
¿Acaso llovió?
Sí, llovió, pero también le cayó un rayo.

ARS Rimbaudiana

Yo es otro,
por eso me suicidé.

Misántropo

Tú chichas
Él chicha
Ella chicha
Ustedes chichan
Yo
Me masturbo.

Sentirse, hallarse, ser
-Manuel Abreu Adorno

Sentirse un personaje de una novela de Michel Houellebecq,
un escritorzuelo de alguna novela de Bukowski,
todos los tiros fallados de Carlitos Arroyo,
una película de Vicente Castro.

Sentirse una Johanna Rosaly sin fama,
un Héctor Travieso sin bigote,
un Draco Rosa sin talento,
el participante que eliminaron primero
        en Objetivo Fama.

Sentirse, hallarse y ser
la distopía que será el culo de Jennifer López
        de aquí a 30 años
y la carrera actual
            de Ricky Martin.

Sentirse, hallarse y ser
un Atari empolvado y casi desmantelado
        guardado en un clóset.

VII.
¡DESPIERTA!
(o mareándose en el carrusel)

¡Despierta!
¿Sabes dónde estás?
¿Sabías que existimos en una esfera que flota en un abismo?

La Nada y el Ser

Si existe Dios,
¿de dónde salió?
Si fue el Big Bang,
¿de dónde salieron las moléculas
que ocasionaron la explosión?
¿De dónde salió el primer átomo,
o partícula subatómica,
o energía,
la primera masa?
¿Puede algo salir de la nada,
un Puff y heme aquí,
y seguir expandiéndose y desarrollándose?
La lógica me dice que no...
Ergo, la existencia es ilógica.
—Imposible—
De la Nada salió el Ser.

De cómo pudiste no ser pero eres
y de la fragilidad de la vida

Tu papi y tu mami pudieron no haber chingado ese día.

Caracol sin coraza

Molusco
que busca su coraza
gusano
que deja su asquerosa huella
traga arena
y tierra
para morir
bajo una suela.

Ser

Soy. ¿Pero soy en verdad? ¿O solo soy millones de microorganismos que, para sobrevivir, crean una ilusión de Yo?

Biología

Toco esta página, y la siento, porque en mis manos tengo células bipolares que envían impulsos nerviosos al tálamo, y este, a su vez, a la corteza cerebral.

Círculos

La vida son círculos que forman un embudo
y terminan en un punto.
Una repetición constante
que forma un abismo.
Yo caigo por él,
¿lentamente?, ¿vertiginosamente?,
no sé. Solo sé
que caigo esperando llegar al punto...

Psicoanálisis

Pon la carne al sol y le saldrá gusanos.

8mm

El Diablo
es una dominatrix
que me flagela
DURO DURO DURO
y Dios
se masturba
lento   lento   lento
extasiado
en la visión de mi suplicio.

Vivir es caminar dando vueltas

Vivir es caminar dando vueltas;
el camino sigue igual,
pero tú te degradas
         lentamente.
Mi dolor es laxo
        y flexible,
toma formas inesperadas
a través de los tiempos:
soledad, no encajar,
             inconformidad,
deseo insatisfecho,
dolor metafísico,
espiritual,
crisis de identidad,
angustia existencial
(el clichoso ser o no ser)
para terminar
en la banalidad de los celos.

Vivir es morir lentamente
esperando que la muerte
           deje de bombearme el corazón,
mientras escucho la retórica cristiana
            de que Dios es amor
y la fe una espada
          que abre las puertas del Paraíso
hasta aquí en la tierra.

Y no y requete NO,
la experiencia me ha enseñado
          todo lo contrario:

no hay paraíso
en esta obra de arte kitsch que es la vida,
solo ciclotimia, ciclotimia,
        ciclotimia...
Risas que truecan en llanto;
llantos que truecan en risas
                cínicas y escépticas,
desconfiadas
            ante el ruido barroco urbano
            y el concierto barroco rural.

Miro al horizonte,
donde el cielo abraza a la tierra,
y sé que es una ilusión.
Más allá está el espacio
y no está Dios ni la felicidad metafórica
        que implica.
Más allá está un abismo que nos contiene,
lleno de gas y fuego,
                carente de oxígeno.
Más allá no hay nada,
                está la Nada.
La muerte asiente,
siento que por unos segundos
                deja de bombear mi corazón...

Abandonado

Me dejaste solo,
Dios,
a mi suerte,
sin brújula ni astrolabio,
sin mapa,
sin GPS,
sin nada,
y te sentaste
con tus popcorns
a deleitarte
en la película de mi desgracia.

Solipsismo

Tú eres yo; una opinión que tengo sobre algo.

Fe

Me hablan de fe,
como si por tener fe todo fuera a salir bien.
No.
Yo veo los colores reales de la vida.
No me engaño
y el mundo no me engaña
tanto.

En la encrucijada

Estoy aburrido de seguir parado frente a la encrucijada,
sin decidir,
porque todos los rótulos auguran el éxito.
Pero ya lo he visto desde las montañas:
todos los caminos se abrazan
en una puerta que entraña misterio.

Me gasto como un cigarrillo

Voy al parque,
me siento en un banco,
enciendo un cigarrillo.
Inhalo y exhalo el humo.
Veo a las parejitas besándose,
el corillo de amigos,
y yo solo,
fumándome mi vida,
sabiendo que ya casi llego a la colilla.

En esta oscuridad

Una mariposa nocturna revolotea sobre mi cabeza;
su aleteo me llama en esta oscuridad,
y los perros, famélicos, vagabundos,
marcan mi paso.

El Proceso

Ser y no saber nada, y ser sin rumbo cierto
y el temor de haber sido y un futuro terror...
-Rubén Darío

Ya lo sabía Kafka: el Proceso nunca acaba
No tienes conciencia absoluta de él
Pero lentamente lo absorbes
Lentamente te absorbe
No sabrás cómo ni por qué empezó
No sabrás si acabará
Esto te corroe
Buscarás ayuda
Y no confiarás en nadie
Rechazarás toda ayuda en un aire de autosuficiencia
Mas el Proceso seguirá
El Proceso sigue
Tu vida pasará como capítulos incompletos
Tu vida *pasa* como capítulos incompletos
Hasta que un día:
Dos payasos en una cantera
Derramarán tu alma
Mientras miras a la Justicia reírse de ti
Con la impotencia de ignorar la causa
Pero con el consuelo
De la luz del efecto.

De la vida

La vida es dura, hombre,
pasa el tiempo rápido
y se lleva consigo
lo mejor.

No valen llantos
ni súplicas,
de nada sirve
la pérfida nostalgia.

El tiempo se va
y se lleva consigo
la juventud y la inocencia,
la ingenuidad,
los sueños y las ganas,
las fuerzas y la fe;

—la verdadera lujuria,
hija de lo novedoso—

y solo deja
dolor y lágrimas,
descontento y desesperanza,
falso orgullo,
mediocridad y mala fe,
tedio,
aburrimiento;

deseos de volver
o terminar,
porque pasó el tiempo

y no hicimos
lo que quisimos hacer;
lo que *debimos* hacer.

Solo queda el reproche,
ese dolor molesto,
pero soportable,
como una espinita enterrada
en un dedo del pie.

Risas

¿Que me ría?
¿Qué tiene este mundo digno de gracia?
NADA.
Por eso el 99% del tiempo estoy serio
y por eso el otro 1% del tiempo,
en el cual me río,
no me río con el mundo
sino del mundo.

Carrusel

La vida es un carrusel
que da vueltas sin parar.
Al principio emociona,
luego marea y aturde,
después aburre.
Al final
solo vale la pena

bajarse.

EPÍLOGO PARA INCAUTOS

¿Leíste todo el poemario y te gustó? ¿Admiraste la mayor parte de sus textos? Si es así, te regalo esta cita citable. Espero la disfrutes y te identifiques con ella, insigne lector, porque a mí en lo particular me fascina:

Un tonto siempre halla a otro más tonto que lo admira.

-Boileau

ÍNDICE

www.ingramcontent.com/pod-product-compliance
Lightning Source LLC
Chambersburg PA
CBHW020510030426
42337CB00011B/317